Das Buch

Mit Gott kann man rechnen, aber kalkulierbar ist er nicht. Niemand kann Gott beweisen, man kann ihn nur erfahren. In 100 Experimenten stiftet Susanne Niemeyer dazu an, auf die Suche zu gehen, mitzudenken und eigene Antworten auf die großen Fragen des Lebens zu finden. Dafür braucht es allein den eigenen Kopf zum Denken, einen Stift zum Schreiben und ein wenig Neugier.

Die Autorin

Susanne Niemeyer ist freie Autorin, Kolumnistin und Bloggerin (www.freudenwort.de). Vorher war sie langjährige Redakteurin bei »Andere Zeiten«. Auf ihren kreativen Schreibreisen nach Schweden, Sizilien oder in die Alpen sammelt sie neue Ideen und inspiriert dazu, eigene Geschichten zu erfinden. Von ihrem Schreibtisch in Hamburg hört sie die Schiffe tuten.

Susanne Niemeyer

100 Experimente mit Gott

Von Abenteuer bis Zuversicht

FREIBURG · BASEL · WIEN

3. Auflage 2019

Titel der Originalausgabe:
Damit wir klug werden. 100 Experimente mit Gott

www.herder.de

Umschlaggestaltung: Designbüro Gestaltungssaal
Umschlagmotiv: © knysh ksenya/shutterstock

Satz: de·te·pe, Aalen
Herstellung: GGP Media GmbH, Pößneck

Printed in Germany

ISBN 978-3-451-03102-1

Wenn ihr mich sucht,
werdet ihr mich finden.

Jeremia 29,13

Liebe Leserin, lieber Leser,

dieses Buch ist kein Buch. Es ist ein Experiment. Du kannst es natürlich einfach lesen. Spannender wird es aber, wenn du es weiterschreibst. Wenn du ausprobierst, um die Ecke zu denken, und neugierig schaust, wohin das alles führt.
Mit Gott zu rechnen, klingt ein bisschen verrückt. Wer an Mathe denkt, kann aufatmen: Denn die Gleichungen gehen anders. Gott kann man nicht herleiten und auch nicht beweisen (allerdings kann man auch das Gegenteil nicht beweisen). Deshalb geht es auch nicht darum, was richtig ist, sondern was möglich wäre. Was würde es für einen Mittwoch im Februar bedeuten, wenn es Gott gäbe? Und was für den Rest des Lebens?
Es gibt hundert Aufgaben für hundert Tage. Kleine Geschichten, Gedankenexperimente und Alltagsversuche. Wer verwegen ist, schreibt, kritzelt, notiert direkt in dieses Buch.
Glücklicherweise handelt es sich um ein Experiment mit ungewissem Ausgang. Man kann also nichts falsch machen.

Viel Spaß!

Bitte bereithalten:

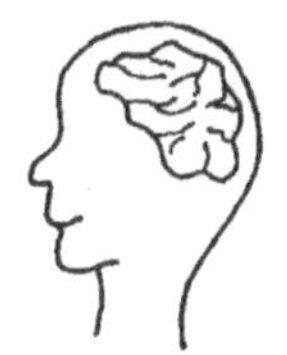

Kopf (zum Denken)

Lieblingsstift (oder mehrere bunte Stifte)

leeres Heft (wenn man mehr oder nicht direkt ins Buch schreiben will)

Neugier

Schokolade (für alle Fälle)

Abenteuer

Der Himmel ist ein Saloon, Gott steht hinter der Theke, und wenn einer reinkommt, der meint, die ganze Welt sei sein, dann wischt er bedächtig über den Tresen und sagt: Mach mal halblang.
Aber dem anderen, der schlaff in der Ecke sitzt, dem macht er Beine, denn der Himmel ist kein Alltagsruhesitz. Verteidige dein Leben, ruft er, gegen wen, fragt der, gegen die Langeweile, die Faulheit und die Gewöhnung, dabei schießt er ein paar Mal in die Luft, dass der Himmel nur so bebt.

Come in
WE'RE
OPEN

Abschied

Liebe Trauergemeinde,

heute müssen wir Abschied nehmen von unserer Hoffnung.
Sie hatte ein kurzes Leben.
In einer schlaflosen Nacht geboren, sah sie zunächst ärmlich aus. Wer hätte gedacht, dass aus ihr mal etwas Großes werden würde?
Sie überraschte uns. Sie flößte uns Mut ein und blieb an unserer Seite.
Sie malte die Welt in Farben, die wir nie erträumt hätten.
Sie machte uns groß.
Ihr könnt die Welt verändern, flüsterte sie, ein ums andere Mal.
Ihr habt mich in der Hand.
Wir wollten ihr glauben.
Dann verließ sie uns.
Alles, was sie hinterließ,
ist ein Licht.
Uns.

* Matthäus 5,14

Amen

SCHLIESS ETWAS AB

- [ ] Ich werde nicht berühmt
- [ ] Das Leben mit .... ist vorbei
- [ ] Kleidergröße S passt mir nicht
- [ ] Ich habe keine Kinder
- [ ] Ich wandere nicht aus
- [ ] ....

Anders

Als Herr M. letztens Gott traf, trug er rote Schuhe. Gott, nicht Herr M. Herrn M. war das peinlich. Es passte nicht in sein Bild. Gott war ein ernsthafter Gott. Kein Clown. Also bemühte sich Herr M. angestrengt, woanders hinzusehen und die Schuhe zu ignorieren. Beim nächsten Mal trug Gott Ohrringe mit grünen Steinen. Herr M. versuchte, auch die Ohrringe zu ignorieren. Ohrringe passten ebenfalls nicht in sein Bild.
Als er schließlich wieder auf Gott traf, hatte er sich außerdem eine gelbe Krawatte umgebunden. Da wusste Herr M. nicht mehr, wohin er gucken sollte und schaute weg. Sein Blick ging ins Leere, und er kam nicht umhin, festzustellen, dass Gott nicht existiert.

(gott. inkognito)

Antworten

* Seid immer bereit,
Rede und Antwort zu stehen.

1. Petrus 3,15

Warum sterben Menschen?

Bist du glücklich?

Darf man Tiere essen?

Wann zeigst du, was du kannst?

Wohnen alle Toten im Himmel?

Darf man im Krieg auf Menschen schießen?

Gibt es Wunder?

Kann man falsch an Gott glauben?

Sollten Christen die besseren Menschen sein?

Applaus

Applaus für den Zitronenfalter
und für die Schäfchenwolken
in ihrem bettlakenhellen Weiß
Applaus für den Lavendel
und für die Honigblume
unmöglich zu sagen, wer süßer duftet
Applaus für die Echse
in ihrem smaragden Kleid
für Regentropfen und Eichenlaub
Applaus für die Kirschblütenbötchen
im Wasserlauf
und für das goldene Haar der Gerste
Applaus für den blankgelutschten Kieselstein
und für die Wassernymphe in ihrem Versteck
Applaus für Himmel und Erde
und alles dazwischen auch

mein Applaus

Aufbrechen

HÄNDE HOCH
DIES IST EIN ÜBERFALL
WIR SIND GEKOMMEN
SIE ZU BEFREIEN
ALLE ÄNGSTE
AUF DEN BODEN
GESICHT ZUM HIMMEL
RAUS AUS IHREM
GEFÄNGNIS
ALLE SCHULDEN
SIND BEZAHLT
SIE KÖNNEN GEHEN

GOTT

Auferstehung

Die Liebe kommt wieder, die gelben Blumen kommen wieder, die Bienen, leider auch die Zecken. Der Tag kommt wieder, der Mond kommt wieder, der Eismann mit seiner Glocke und der Duft der Linden. Freundschaft kommt wieder (wenn man denn will), Gelegenheiten kommen wieder, sie tragen ein neues Gewand. Engel kommen wieder und Botschaften an Laternen. Wunder kommen wieder und Wünsche (erfüllte und unerfüllte), das Erwachen am Morgen kommt wieder, die Zeit der Schnecken und selbst Beethoven kommt wieder im Radio. Das Lachen kommt wieder, der Moment des Vergessens, die Stille kommt wieder und der heisere Ruf der Kanadagänse. Alles kommt wieder in dieser klitzekleinen Welt. Was wird erst jenseits kommen?

Aufhören

ALLES
ist erlaubt aber nicht
ALLES
tut gut
*1. Korinther 6,12

HÖR
AUF:
dein

Auftrag

Ich glaube, jeder hat am Anfang einen Auftrag bekommen. »Du sollst Else glücklich machen.« »Du sollst Oboe spielen.« »Du sollst die Formel für Kadmiumperoxyd erfinden.« Aber dann kommt eine Menge dazwischen, eine ganze Kindheit zum Beispiel, Fußballspiele und Hausaufgaben, du gehst ins Schwimmbad, verliebst dich und versuchst, den Führerschein zu machen oder die Steuererklärung. Du musst noch Brot kaufen und Gurken und eh du dich versiehst, hast du vergessen, was du eigentlich wolltest. Und dann rufen auch noch allerhand Leute dazwischen, »denk an die Familie«, »das kannst du nicht« oder »erst die Arbeit, dann das Vergnügen«, und schon hast du ein Dutzend neue Aufträge auf dem Buckel. Und deshalb muss man sich manchmal daran erinnern: Was soll ich tun auf dieser Welt?

TO DO:

Aufwachen

Wahrscheinlich werde ich am Ende nicht sagen:
»Verdammt, ich habe zu wenig Staub gewischt.«

Schmetterlinge beobachten. Mehr Tartes backen. Eine neue Musikrichtung entdecken und in ein Konzert gehen. Eine Patchworkdecke häkeln und ein wildes Farbmuster wählen. Öfter ans Meer fahren. Mehr Bücher lesen. Sich erinnern, früher Comics gemocht zu haben und nachschauen, ob sie immer noch gut sind. Öfter zeigen, wen man liebt, bevor es zu spät ist. Mit der Hand Briefe schreiben. Lernen, Bäume zu erkennen. Bucheckern sammeln und sie essen wie Nüsse. Mit dem Fahrrad einem Flusslauf von der Quelle bis zur Mündung folgen. Öfter früh aufstehen und eine Stunde lang schöne Dinge tun. Manchmal stehenbleiben, wie Kinder stehenbleiben, wenn sie etwas Interessantes sehen. Allein in ein Museum gehen, wenn niemand Zeit hat. Lernen, ruhig zu sagen, was man möchte. In ein syrisches Restaurant gehen und alle Vorspeisen bestellen. Freunde einladen und aus einem Lieblingsbuch vorlesen. In schöner Bettwäsche schlafen. Sich auf ein Pferd setzen. Weihrauch anzünden. In einer unbekannten Stadt übernachten und es genießen, durch die fremden Gassen zu flanieren (Reykjavik, Odessa, Stralsund). Ein leeres Heft besorgen und jeden Tag hineinschreiben, ohne ein Konzept zu haben (mit einem Konzept geht es auch). Öfter Blumen kaufen. Einen Blog beginnen. In eine öffentliche Sauna gehen und sich in der Wärme aalen. Von seinen Bürgerrechten Gebrauch machen und leidenschaftlich für (oder gegen) etwas demonstrieren. Lernen, wie man selber Brot backt und es tun. Da liegen und nachdenken. Sich bei alten Freunden melden, von denen einen nichts trennt, als die Zeit. Nachtmagazine im Radio hören und überrascht sein, wie viele gute Sendungen es gibt. Eine dichte Regenjacke kaufen und keine Ausrede mehr haben, nicht rauszugehen. Neugierig sein.

Augenblick

Das Leuchten der kleinen Augenblicke

Im Zug sitzen und ohne schlechtes Gewissen müde sein
weil man sowieso nichts tun kann

Etwas riechen und nicht darauf kommen, woran es erinnert
und dann doch darauf kommen
(Frühling, eine Romanze, Apfelkuchen oder Jahrmarkt)

Ein Feld voller Vögel mit mehr Vögeln als man je zuvor
gesehen hat und plötzlich fliegen alle auf

Am Abend die Lichter der gegenüberliegenden Häuser
sehen und die kurze Gewissheit haben, am richtigen Platz
zu sein, obwohl der Abwasch (die Wäsche, die Küche) nicht
gemacht ist

Das erste Gelingen (einer Fischsuppe, einer Gipfel-
besteigung, eines Salto mortale)

Aussicht

Ich finde es Unsinn, jeden Tag zu leben, als sei er der letzte.
Denn was sollte ich an so einem letzten Tag noch tun, außer mich zurückzulehnen oder in Depressionen zu fallen oder in einen hektischen Aktivismus wie an einem letzten Urlaubstag?
Ich bin dafür, jeden Tag so zu leben, als sei er der erste.
Was könnte nicht alles kommen?

WÜRDE SICH ETWAS ÄNDERN, WENN GOTT NUR IN DEINEM KOPF LEBTE?

Beginnen

Ich stelle mir das so vor, dass Gott selbst keine Ahnung hatte, wie man eine Welt erschafft. Er hatte das ja auch noch nie gemacht. Also fing er einfach an, und schließlich kam doch etwas ganz Interessantes und gar nicht so Schlechtes dabei heraus. Und er hatte keinen Kurs besucht und konnte kein Zertifikat vorweisen – jedenfalls soviel man weiß. Deshalb finde ich, jeder kann etwas versuchen, ein Bild malen oder einen Gugelhupf backen oder eiskunstlaufen oder eine Tabellenkalkulation und wenn es nicht gleich gelingt, na, dann versucht man es noch einmal, weil wir eben nicht Gott sind, aber vielleicht immerhin seine Schüler. Irgendwann gelingt etwas, und alles was man dazu braucht, ist ein bisschen Mut.

Begreifen

Gleichung

Um etwas zu begreifen
muss man es fassen
Gott kann man nicht fassen
auch nicht anfassen
Also kann man Gott nicht begreifen
Aber
wenn Gott in allen Dingen ist
Kann man einfach alle Dinge anfassen
und begreift Gott

gott

Beichten

ERZÄHL
GOTT WAS Geheimes

Beiwerk

Auf dem Holzboden liegend sich ein Kissen unter den Bauch schieben und lesen. Das Schuhu der Türkentauben hören. Die Nummer des Liebsten wählen, und wie durch Zauberhand erscheint sein Kopf auf dem Bildschirm. Sich über den Fortschritt der Technik freuen und ihn begeistert nutzen wie ein Kind. Warmer Wind. Mit einer Taucherbrille schwimmen und entdecken, dass es eine komplett eigene Welt unter einem gibt. Über andere solcher Welten nachdenken, zum Beispiel Höhlensysteme in den Bergen oder Pinguininseln in der Antarktis. Starken schwarzen Tee mit Sahne als Allheilmittel in der Hinterhand wissen. Eine Fläche im Zeitlupentempo schraffieren und sich vom Effekt der Linien beruhigen lassen. Laut losprusten über einen unsinnigen Cartoon. Katzen, die imaginäre Gegner jagen. Der Geruch von Feuer, der immer an Kartoffelfeuer erinnert. Die Unendlichkeit der Fantasie. Der beiläufige Gedanke, dass das Leben eine Menge zu bieten hat.

Bekenntnis

Ich bekenne mich
zu den Menschen
den großmäuligen kleinmütigen
verträumten abgebrühten
grausamen zarten
kurzsichtigen versehrten tapferen
müden ach-so-klugen
glücklichen sorglosen
verlorenen gescheiterten
verwirrten wunderbaren
enttäuschenden lieben
unerträglichen schönen Menschen
Sie sind mein

Gott

Beten

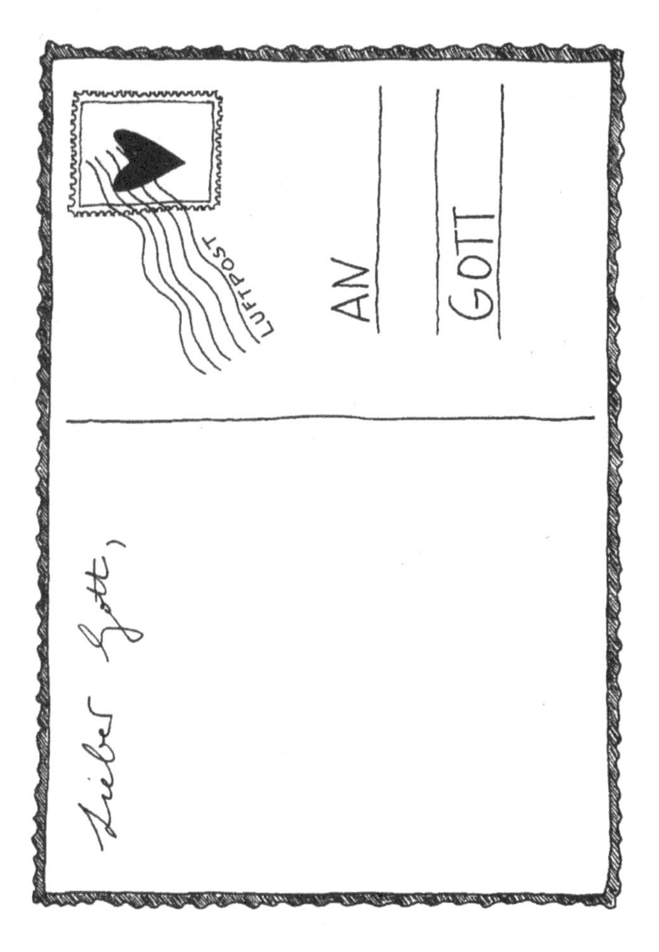

* Grüß Gott!

Bild

Das Leben ist eine Diashow.
Jede Sekunde ein Bild.
Ich mit Kaffeetasse.
Du mit verstrubbeltem Haar, wie du ein weiches Ei isst.
Die Dahlien auf dem Tisch.
Regentropfen, auf der Terrasse Blasen werfend.
Die Uhr, die auf neun springt.
Wer ist der Fotograf ?

HEUTE:

Bitte

Für die Trostlosen ein Herz
Für die Heimatlosen ein Federbett
Für die Sprachlosen ein Lied
Für die Lustlosen einen Apfelbaum
Für die Schlaflosen einen Traum
Für die Freudlosen ein Trampolin
Für die Herzlosen ein Eisbärkind
Für alle einen Engel mit Feueratem
und Samthandschuhen

Botschaft

WENN GOTT DIR
TÄGLICH EINEN SATZ
ZUFLÜSTERTE – WAS
SOLLTE ER SAGEN?

Danke

Danke für die Zukunft, die gerade jetzt beginnt. Danke für das Bittere im Tee und den Zucker, der nicht fehlt. Danke für mein wunderbares Leben, das manchmal sehr sonderbar ist, aber doch mein Leben. Danke für die dänische Uhr, das weiße Papier und Gras, auf dem man liegen kann. Danke für das Wort ›Nein‹, es ist manchmal sehr nützlich, besonders wenn es ein paar Jas die Türen öffnet. Danke für Zimtkringel, den tagenden Morgen und das Wissen, dass irgendwo immer einer singt, der die Nacht vertreibt.

Dunkel

Die Ewigkeit ist ein Licht, das im Dunkeln leuchtet,
damit du schlafen kannst.

Ebenbild

DU SIEHST HEUTE WIEDER
SEHR GUT AUS!

*ausschneiden und an
den Spiegel kleben

Echo

Himmelwärts geschaut
Engel hat zurückgeschaut

fühlten uns ertappt

Echt

Weinen müssen, wenn man in der Zeitung etwas Schreckliches liest.
Jemandem »Gesundheit« wünschen, auch wenn man das nicht mehr tut.
Pfannkuchen wie Oma backen. Erdbeermarmelade dazu essen.
Den Selbstoptimierungsmodus ausschalten.
Sich nicht schämen pathetisch zu sein, wenn man glücklich ist (wenn man unglücklich ist auch nicht).
Eine Antwort nicht wissen und neugierig danach suchen.
Etwas mit der Hand schreiben.
Einer Sache oder einem Menschen ins Auge sehen.
Vorziehen, etwas nicht zu tun.
Kitsch nicht fürchten und Regenbogen immer noch schön finden.

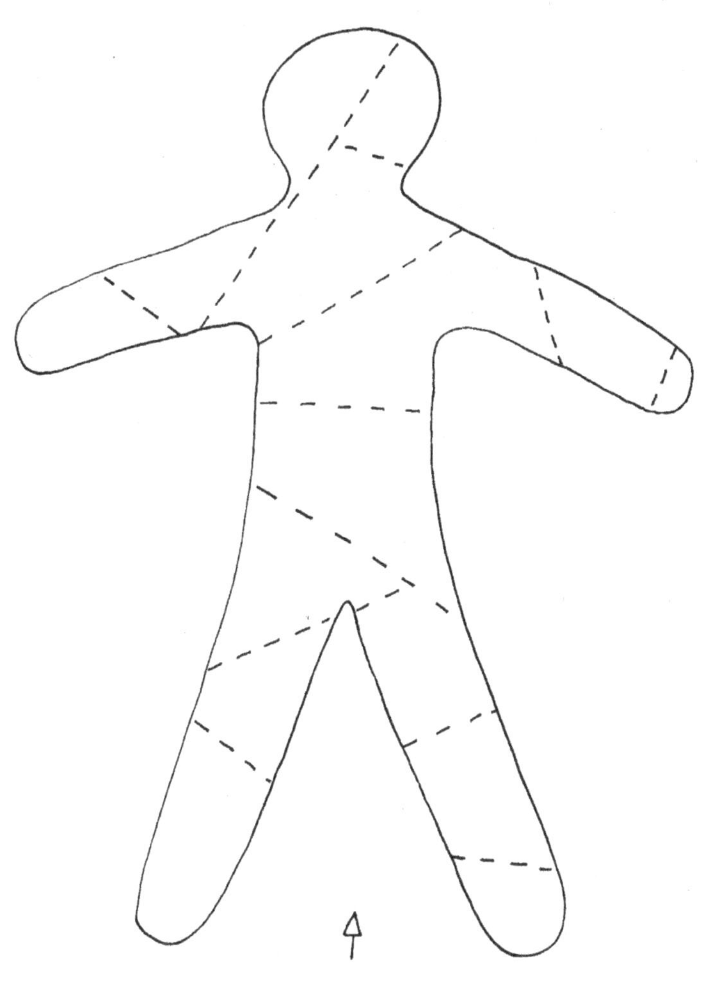

Das bin ich wirklich

(bitte ausfüllen)

Einfach

essen wenn hungrig
weinen wenn traurig
küssen wenn Liebe
schlafen wenn müde
Fantasie wenn langweilig
lachen wenn lustig
gehen wenn unruhig
fragen wenn ratlos
vertrauen wenn neblig
sein wenn Leben

Enthalten

Sehr geehrte Welt,

vielen Dank für mein Aufenthaltsrecht. Es gefällt mir sehr gut hier, und ich nehme gern einige Ihrer vielfältigen Angebote in Anspruch. Folgender Dinge würde ich mich allerdings gern enthalten:

Argwöhnischer Gedanken. Billiger Schokolade. Der Versuchung, die Bequemlichkeit als Maß zu nehmen. Sonderangebote, die mich, bis sie dazu wurden, nicht interessierten. Genugtuung am Scheitern der anderen. Misstrauen. Eingeredeter Ängste. Gier (außer Neugier). Neid, dass andere es besser getroffen haben könnten. Geiz, Fertigprodukte und Talentshows.

Bitte nehmen Sie es nicht persönlich.

Herzlich,
Ihre Untermieterin

KANN GOTT ERFOLGE VERBUCHEN?

WENN JA: WELCHE?

WENN NEIN: IST DAS SCHLIMM?

Jeder ist seines Glückes Schmied. Aber was ist mit den handwerklich Ungeschickten? Ich zum Beispiel bin ziemlich dilettantisch, was handwerklich aufwändigere Aufgaben betrifft. Wenn ich die Kommode halb abgeschmirgelt habe, will ich lieber schwimmen gehen. Entweder sie steht dann drei Monate halbfertig in der Ecke oder ich mache den Rest so husch-husch und das Ergebnis ist naja. Meine Zukunft als Schreinerin, Töpferin oder eben Schmiedin sähe deshalb nicht fantastisch aus. Zum Glück ist das mit dem Glück anders. Schon ein Stück vom Glück ist ziemlich gut. Und deshalb ist es manchmal gerade wichtig, Hammer, Spülbürste oder Ichweißnichtwas aus der Hand zu legen, um ein Stück zu erhaschen. Zum Beispiel jetzt.

Erfüllt

Experiment

Setz dich irgendwo hin.
Sieh dich um. Stell dir fünf Minuten lang vor, an diesem Ort sei Gott (auch, wenn du das eigentlich nicht glaubst).

Dann stell dir fünf Minuten lang vor, an diesem Ort sei kein Gott (auch, wenn du das eigentlich nicht glaubst).

Gibt es einen Unterschied?

GOTT

Erhalten

Was willst du hinterlassen auf dieser Welt, was willst du hinterlassen? Ein gut gefülltes Bankkonto oder eine aufgeräumte Küchenschublade; willst du eine Handvoll Kinder dein eigen nennen oder ein Herz voll Glück, das aufhört zu schlagen, aber Wärme hinterlässt für zehn Winter; hast du Geschichten erfunden oder Geschichte gemacht, eine bessere Welt gebaut, ein Staudenbeet gepflanzt oder einen Kräutergarten und ein Unbekannter mit Halsschmerzen wird Salbei finden, mehr als genug; willst du ein Haus bauen, eine Decke häkeln oder einfach Erde werden, auf der das Gras wächst; was tust du, damit du bist, wer du gewesen sein willst, wenn du nicht mehr bist?

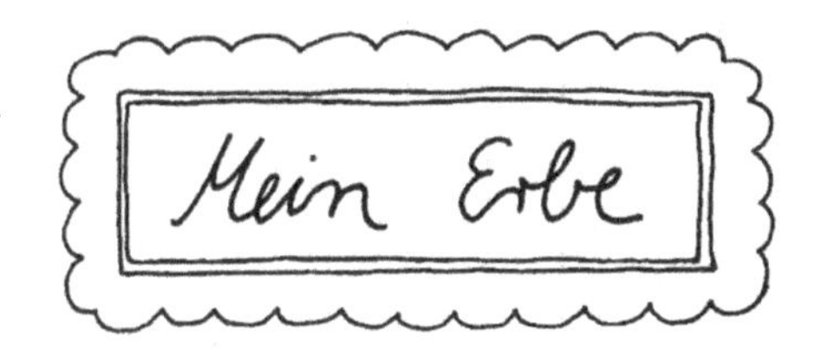

- ☐ Ein Apfelkuchenrezept
- ☐ Kinder
- ☐ Einen Rekord
- ☐ Aufgeräumte Verhältnisse
- ☐ Nichts
- ☐ Schuldgefühle
- ☐ Erhörte Gebete
- ☐ ....

Erinnerung

Als Frau M. an einem sonnigen Augustnachmittag gewahr wurde, dass sie nun sterben würde, wunderte sie sich. Sterben schien etwas für Regentage. Andererseits starben täglich Menschen. Es wäre nicht schön, wenn es deshalb täglich regnen würde. Vielleicht denke ich auch falsch, überlegte Frau M. Reisen tritt man schließlich auch lieber bei Sonnenschein an. Wenn dies nun der Anfang und gar nicht das Ende einer großen Reise ist? Und alles da draußen nur ein kleiner Vorgeschmack.
Aber was, überlegte Frau M. und kämpfte ein wenig gegen die Müdigkeit, ist mit den Menschen, die im Krankenhaus sterben? Umgeben von piepsenden Maschinen und kahlen Wänden? Oder schlimmer noch: im Dreck? Die als letztes eine Ratte sehen statt einer Sonnenblume?
Die Erinnerung. Die einzige Erklärung ist die Erinnerung. Die kann kein Nagetier und keine Krankenstation nehmen, und Frau M. war sicher, dass jeder über einen Vorrat an schönen Erinnerungen verfügt, und mag er noch so klein sein. Manche haben ein ganzes Fotoalbum, aber sei's drum, denn ein einziges Bild, das reicht ja schon zum Anschauen. Sie sah Milliarden Menschen mit Bildern über den Köpfen; Klatschmohnfelder, Fußballspiele, erste Küsse, Zebraherden, Neuschnee, Walzertänze, Sahnetorten, Babylachen, ein Open-air-Konzert, ein Teller Reis mit Huhn und Mandeln, einen Palast aus türkisen Fliesen, Hochzeitsnächte, Clownsfische, Regenbogen, Gleitschirmflüge. Ein riesiges Mosaik, das wir zusammen in uns tragen.
Und nun breche ich auf, zu dieser wahrhaft ungeheuren Reise. Und ein paar andere tun es auch, ich bin nicht allein unterwegs. Frau M. lehnte sich erschöpft zurück. Und auch den schweren Koffer, dachte sie, brauche ich diesmal nicht vom Dachboden zu holen. Wir holen Sie ab, hieß es. Sie brauchen sich um nichts zu kümmern. Ihre Augen fielen zu. So einen Service hatte sie ihr ganzes Leben nicht gehabt.

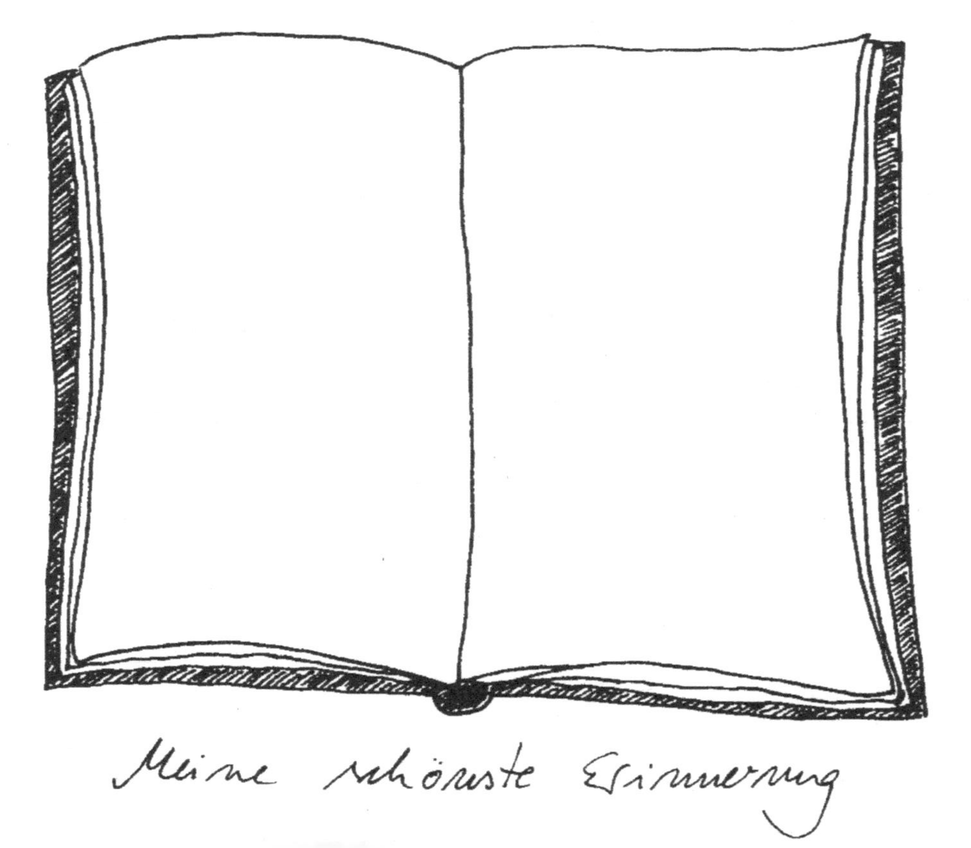
Meine schönste Erinnerung

Erkenntnis

WENN GOTT SICH
ZEIGEN WÜRDE – WIE
MÜSSTE ER AUSSEHEN
DAMIT DU IHN ERKENNST?

Erlaubnis

Als Herr M. König wurde, rieb er sich die Hände und beschloss, zunächst Gerechtigkeit herzustellen.
Er richtete sich an die morgendlichen Flanierer im Park und rief: »Schluss damit! Das können sich schließlich nicht alle erlauben!«
»Andere können anderes«, wandten sie ein, aber Herr M. blieb hart. Den Villenbesitzern befahl er auszuziehen. Den Bootsbesitzern an Land zu kommen. Die Freiluftdenker mussten sich in ein Büro setzen, die Bartträger sollten sich schleunigst rasieren (denn was war mit den unzähligen Frauen, die niemals einen Bart tragen würden?) und die Leichtathleten nicht so weit springen.
Niemand, befand Herr M., sollte einen Vorteil haben.
Und so leerten sich die Parks, die Villen verfielen, die Denker saßen in dunklen Kammern und niemand machte mehr große Sprünge. Am Ende schaffte Herr M. sich selbst ab. Schließlich konnte auch nicht jeder König sein.
Von diesem Tag an tat wieder jeder was er wollte.
Zum Glück.

Erlösung

STREIT
HEULDOCH
FRON
GIB
STRESS
MUTTER---
SEELENALLEIN
URGS
RECHTHABEN
MUSSNOCH
ALL
EIN
ALPMÄR
TRAUM
VERSAGEN
HABEN
NIE
AU
TELEFON
SCHMERZ
LEER
ENDE
KRIEG
LASS MICH IN RUHE
HEKTIK
OHNE
FaLLeN
WO
HERZLOS
NEIN
DUNKEL
DU
BEHERRSCHDICH
WIE
STUNDENPLAN
GESETZ
SEUFZ
ARM
WEISSNICHT
OH
SCHÄMDICH
KOMA
GELD
JETZTABER
FLIEH
KRÜCKE
RECHNUNG
FALSCH
DORN
AU
ACH

Ewigkeit

Was bleibt

Die Sonne an ihrem Platz, obwohl niemand sie hält. Der Strom, auch wenn die Schiffe davonsegeln. Meine Handschrift. Der Brunnen im Wald, obwohl das Wasser nach Schwefel schmeckt. Weihnachtslieder. Der Maroniverkäufer (er wird verschwinden, aber noch ist er da). Der Schlaf. Die Langsamkeit der alten Leute. Die Liebe und die Schwärze der Nacht, irgendwo auf der Welt. Und die Ewigkeit; sie hat Zeit.

Finden

Gott
auf der Aue meiner Zweifel
hast du dich breit gemacht.
Da kann ich ja
lange suchen.

ICH HAB DA MEINE ZWEIFEL

Genießen

Ich liebe es, Tee mit Milch und Zucker zu trinken und der Tee hat genau die richtige Farbe. Ich liebe die Ernsthaftigkeit in den Augen meines allerkleinsten Freundes, wenn er Giraffe und Eisbär zum Essen einlädt und ihnen Suppe aus Legosteinen auftut. Ich liebe den Geruch in mancher Nacht, wenn das Meer ganz nah zu sein scheint. Ich liebe das Gefühl, frisch geduscht zu sein. Ich liebe Sonntagnachmittage, an denen man nichts anderes tut, als zu zweit zu sein und irgendwann ein Stück Käsekuchen zu essen. Ich liebe den Blick aus meinem Fenster, auch wenn er nicht perfekt ist. Es gibt noch eine Menge weiterer Dinge, die ich liebe. Aber eine mürrische Stimme stoppt mich: »Willst du die Liebe etwa auf so einen Kleinkram reduzieren? Die Himmelsmacht, die Größte? Heutzutage wird doch alles geliebt: Haftpflichtversicherung, Toilettensitze, Mc Donalds? Ich liebe es.« Na und? Wer bin ich, dass ich sagen könnte, diese Liebe sei falsch? Vielleicht gibt es tatsächlich Menschen, für die es das Größte ist, vor einer Tüte Pommes zu sitzen, weil es so vertraut und so verlässlich ist. Die Liebe wird doch nicht kleiner, wenn man mehr liebt. Wer redet uns ein, dass die Liebe immer mit einem Paukenschlag kommen muss? Wer will das denn, sein Leben lang auf die Pauke hauen? Manchmal ist es eben der Widerhall, der erfüllt: Eine Sinfonie aus Käsekuchennachmittagen und Meeresduft, Sonntagsaugenblicken und meinetwegen auch Pommes Frites.

Gestalten

Schreib ein A

ISS BUCHSTABEN SUPPE

SETZ EINEN ●

sag es

hinterlass eine Botschaft ←…

anders

FINDE DAS LETZTE WORT

Mal

Kreidebuchstaben

VERWANDLE WAS

Gewinn

10 Sachen, die man nicht allein machen kann

1. sich kitzeln
2. einen Gedanken teilen, den man selbst nicht kennt
3. sich reanimieren
4. wippen
5. ein Kind zeugen
6. sich beerdigen
7. sich mit einem Spontanbesuch überraschen
8. sich segnen
9. synchronschwimmen
10. einen Kanon singen

Glück

Glück ist, da sein zu wollen, wo ich bin. Glück ist ein kornblumenblauer Himmel. Der Raureifmantel des Efeus. Tee mit Sahne. Leichtes Atmen. Glück ist etwas zu beginnen, das keinen Nutzen hat: Klavierspielen, malen, Steine sammeln. Sich wohl in seiner Haut zu fühlen. Dem Kommen der Dämmerung zuzuschauen. Einen geheimen Ort zu entdecken. Einen Käfer aus dem Wasserglas zu retten. Der Duft eines frisch aus dem Ofen kommenden Brot (oder Kuchens). Glück ist, drei Wünsche geschenkt zu bekommen und nur einen zu brauchen. Blaue Tinte. Keine Angst vorm Sterben zu haben. In der Mittagszeit für ein paar Minuten zu träumen ohne den Traum verwirklichen zu müssen. Glück ist, etwas Ersehntes zu bekommen: ein Kind, einen Anruf, eine Erkenntnis. Leichten Herzens zu sein. Eine Gewohnheit zu genießen. Glück ist, das Längerbleiben des Lichts. Der Duft frischer Wäsche. Der Moment vor dem Einschlafen, in dem alles gut ist. Mit sich selbst einig zu sein. Zu lieben. Glück ist, plötzlich und unerwartet laut zu lachen. Engstirnigkeit aufzugeben. An etwas zu glauben. Sich zu trauen, einen Liebesbrief zu schreiben. Etwas ganz und gar selbst gemacht zu haben (einen Schrank, Eiscreme, Maultaschen, eine Patchworkdecke). Glück ist, gewahr zu werden, dass hier noch tausend andere Dinge stehen könnten.

Gott

Als ich morgens erwachte, war Gott schon auf. Ich rieb mir die Augen:
»Kaffee!«
»Kein Kaffee. Du musst raus.«
Ich murrte. »Draußen ist so viel draußen!«
»Eben.«
»Was soll ich da?«
»Das Glück verteilen.«
»Bist du verrückt? Was ist mit uns?«
»Wir haben genug.«
Er schubste mich in Richtung Tür. Ich schulterte einen Sack Geschichten, ging raus und fing an zu erzählen. Ein paar Spatzen hörten zu. Vielleicht werden sie es weitertragen.

WAS IST GOTTES LEBENSSINN?

Großzügig

Als Gott die Welt erschuf, machte er als erstes die Großzügigkeit. Das hatte praktische Gründe. Er wollte aus dem Vollen schöpfen. Er legte fünf Erbsen in eine Schote (manchmal sogar sieben), statt einer. Er hängte mehr Kirschen in den Baum als er je hätte essen können. Das Meer füllte er randvoll und mit Sternen warf er um sich. Dem Menschen gab er zehn Finger und der Fliege tausend Augen. Wenn schon, denn schon, dachte er und rief: «Weitermachen!«

Lass jemandem den Vortritt

VERSCHKE 1 EURO

Lächle über eine Verspätung

BIETE DEINEN PLATZ AN

VERZEIH DIR

Schmier Butter aufs Brot

lass deine Mutter / Freundin / Arbeitskollegin solange reden wie sie will

GIB DER HÄME FREI

BEANTWORTE UMFRAGEN

Gib ein paar Spinnen ein Zuhause

LADE EIN

VERGISS DIE GEGENLEISTUNG

Gut

Beim Scheitern zu sagen

Ich glaube an den Morgen
der jeden Tag zu einer neuen Chance macht
obwohl alle Erfahrung dagegen spricht.

Ich glaube an den Schlaf
der behutsam zudeckt
was nicht gelungen war.

Ich glaube an die Kraft aller Anfänge
auch wenn mein kleines Herz mutlos ist.

Ich glaube an jenen freundlichen Blick
der mich jeden Tag von neuem ansieht
und nicht aufhört an mich zu glauben.

Heil

Ein Tag hat 24 Stunden. Das macht 1440 Minuten. Manchmal scheinen diese 1440 Minuten ihr Eigenleben zu führen: Die Stecknadeldose flutscht aus der Hand. Der Staubsauger verteilt den Staub auf dem Teppich. Eine Datei verschwindet kurz vor dem Speichern. Das Auto findet, es ist Zeit für einen Werkstattbesuch.
Ein solcher Tag schafft grundsätzliche Zweifel am Sinn des Seins. Kann Gott es gewollt haben, dass ich mein kostbares Leben damit verbringe, auf Knien robbend nach Stecknadeln zu suchen? War er es, der maulfaule Mechaniker erschuf? Hat er nicht bedacht, dass mit der Erfindung des Computers auch die Stundenzahl eines Tages erhöht werden muss, weil so viel Zeit dabei drauf geht, nicht verrückt zu werden?
»Vergiss es«, sagt Gott. »Du selbst entscheidest, mit welchen Problemen du dich herumschlägst. Ich habe dich aus der Sklaverei befreit. Das gilt auch heute noch. Ich schenke dir 24 Stunden. Du kannst frei wählen, was du damit machst.«
Also gehe ich die 1440 Minuten noch einmal durch. Zum Beispiel habe ich gegen Mittag einen Riegel Schokolade gegessen. Und weil ich ihn schön genüsslich gelutscht habe, gab es schon mal zwei Schokoladenminuten, und die waren definitiv gut.
Vielleicht sollte man die Qualität eines Tages einfach nach Schokoladenminuten bemessen oder nach Warmwasserduschminuten oder Indersonneblinzelminuten oder Leseversunkenheitsminuten. Denn Schokoladenminuten schlagen Staubsaugerminuten. Ganz klar.

Herberge

Merkwürdig, denkt Herr M., dass es leichter ist, über die eigene Sexualität zu sprechen, als über den eigenen Glauben. Nicht, dass er ein Problem mit seiner Sexualität hätte. Aber über Glauben zu sprechen, das hat immer etwas Peinliches. Manchmal würde Herr M. gern sagen: Ich bete für dich. Er ist sich nicht mal sicher, ob er glaubt, dass so ein Gebet tatsächlich etwas bewirkt. Aber ihm gefällt die Vorstellung, jemanden in seinen Gedanken zu beherbergen. Und vielleicht ist Gott ja auch gerade da.

ZIMMER
FREI

Herz

Trag Pink. Geh ohne Schuhe oder in Gummistiefeln. Trag Mini oder Maxi. Setz einen Hut auf, steck dir eine Anemone ins Haar, schwör auf einen Oberlippenbart oder eine Vollglatze. Trag ein Toupet oder lila Locken. Rasier deine Unterarme oder lass es sein. Lackier die Nägel in Blau, mal Blümchen auf deine Haut oder Totenköpfe, geh mit Sonnenschirm, Frack oder Clownsnase. Gott sieht das Herz.

erste
HILFE
was würde
*
....
tun?

* Großmutter / Jesus / Gustav Gans / meine beste Freundin / die Queen /...

Himmel

Als ich einmal Gott traf, war ich gerade unterwegs. Ich ging über einen staubigen Weg, seit Stunden schon, und war allein. Es gab kein Haus, es gab keinen Baum, es gab nur weite, karge Flächen aus struppigem Gras, kratzig und verdorrt. Zu der Tatsache äußeren Alleinseins stellte sich mehr und mehr das Gefühl innerer Einsamkeit ein, bis ich schließlich sicher war, ich sei ganz und gar allein in dieser Welt. Immer tiefer eingesponnen in diesen Gedanken, trottete ich dahin, als sich plötzlich, ein paar Schritte von meinen Füßen entfernt, aus dem Nichts eine Windhose bildete. Sie war winzig, knietief vielleicht und ging eine Weile vor mir her, ich dachte an Geschichten von Verlorenen in der Wüste und an den Satz: Des Tags schicke ich eine Wolkensäule und eine Feuersäule des Nachts, und ich fragte: Wie kann das sein? Ich folgte der Windhose, und gleichzeitig wollte ich ihr nicht zu nah kommen, als könne ich sie dadurch vertreiben. Ich staunte, zweifelte und war begeistert – alles zugleich; und was immer es war und wo immer sie herkam, ob sie geschickt war oder ein meteorologisches Phänomen, eins hatte sie sicher geschafft: Ich war hellwach.

Als ich einmal
Gott traf

Hoffnung

Man braucht Hoffnung zum Leben, anders geht es einfach nicht. Und jetzt sag nicht, du nicht. Das stimmt nicht. Dass Geranien blühen und das Auto anspringt, dass die Post klingelt, der Käsekuchen aufgeht, zwei Tore fallen; dass es Weihnachten schneit, dass ein Geschenk gefällt, der Wein nicht korkig ist, dass ein Krieg endet (oder wenigstens nicht näher kommt, auch wenn das eine zweifelhafte Hoffnung ist), dass der Computer nicht abstürzt, der Knoten gutartig ist, eine Liebe erwidert wird, dass der Schwangerschaftstest positiv (oder negativ) ist, dass der Baum nicht nadelt, die Milch nicht sauer ist oder die Antwort ein Ja: Das alles mag einzeln nicht viel sein, aber zusammen genommen ist es doch eine ganze Menge Hoffnung.

SOLLTE ES EINE HÖLLE GEBEN – WOFÜR WÜRDEST DU BÜSSEN?

Jenseits

»Gibt es das Jenseits?«
»Brauchst du ein Jenseits?«
»Es wäre schön.«
»Inwiefern?«
»Es läge jenseits von mir. Ich hätte Pause.«
»Das könntest du doch auch hier haben.«
»Man müsste es üben.«
»Und wenn es gelänge?«
»Finge das Jenseits diesseits an.«

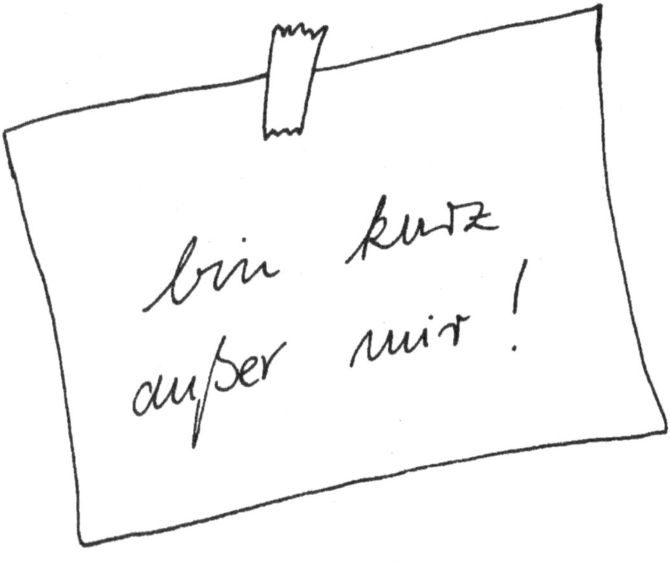

bin kurz
außer mir!

Jetzt

Jetzt scheint die Sonne auf das weiße Holz des Tisches. Unten fahren Autos vorbei und eine Wespe hat sich ins Zimmer verirrt. Wolken ziehen. Der Kaffee ist eine Nuance stärker als sonst. Der reparierte Zahn pocht. Es ist warm. Im Kühlschrank liegen Pflaumen. Irgendwo stirbt ein Mensch. Ich lebe. Was für ein Glück!

Versuche, einen Tag lang im Jetzt zu leben.

Klug

DAS LEBEN IST
EIN TELLER
GRIESSPUDDING
IRGENDWANN SAGT EINER
mahlZEIT
BEENDET
DU WEISST NICHT WANN
ALSO KANNST DU SCHLINGEN UM MÖGLICHST
VIEL
ZU KRIEGEN
ODER
DU
Genießt
JEDEN EINZELNEN
LÖFFEL.

Leben

Als Oma gestorben war, fanden wir in ihrem Küchenschrank ein Schälmesser mit blankgescheuertem Griff, einen Kochlöffel, eine Teekanne und zwei Schüsseln, die man ineinander stapeln konnte. Zwei Schüsseln, nicht zehn. Mehr brauchte sie nicht gleichzeitig. Eine für Apfelkompott und eine für Kartoffeln. (Wobei sie die Kartoffeln sowieso meistens im Topf lies.) Oma war nicht arm. Auf dem Sparbuch lag Geld. Sie verschenkte oft etwas davon. Einen Vorrat an Kartoffeln oder eingekochten Kirschen, ja, den hatte sie. Aber Schüsseln? Wozu braucht man schon einen Vorrat an Schüsseln?

WENN DU 100 SACHEN ZUM LEBEN WÄHLEN KÖNNTEST: WELCHE WÄREN ES?

1 ________ 2 ________ 3 ________ 4 ________
5 ________ 6 ________ 7 ________ 8 ________
9 ________ 10 ________ 11 ________ 12 ________
13 ________ 14 ________ 15 ________ 16 ________
17 ________ 18 ________ 19 ________ 20 ________
21 ________ 22 ________ 23 ________ 24 ________
25 ________ 26 ________ 27 ________ 28 ________
29 ________ 30 ________ 31 ________ 32 ________
33 ________ 34 ________ 35 ________ 36 ________
37 ________ 38 ________ 39 ________ 40 ________
41 ________ 42 ________ 43 ________ 44 ________
45 ________ 46 ________ 47 ________ 48 ________
49 ________ 50 ________ 51 ________ 52 ________
53 ________ 54 ________ 55 ________ 56 ________
57 ________ 58 ________ 59 ________ 60 ________
61 ________ 62 ________ 63 ________ 64 ________
65 ________ 66 ________ 67 ________ 68 ________
69 ________ 70 ________ 71 ________ 72 ________
73 ________ 74 ________ 75 ________ 76 ________
77 ________ 78 ________ 79 ________ 80 ________
81 ________ 82 ________ 83 ________ 84 ________
85 ________ 86 ________ 87 ________ 88 ________
89 ________ 90 ________ 91 ________ 92 ________
93 ________ 94 ________ 95 ________ 96 ________
97 ________ 98 ________ 99 ________ 100 ________

Leicht

Eine Daunenfeder, aus dem Bett geschüttelt. Schnee. Das Gefühl, nachdem man jemanden um Verzeihung gebeten hat. Papierflieger. Ein Gewissen, das nichts beschwert. Schaukeln. Lächeln. Die Luft um einen herum. Pustebumensamen. Man selbst, wenn man Toter Mann spielt. Ein Herz, auf dem nichts liegt. Bibelpapier. Staub. Seifenblasen. Tagträume. Wenn etwas Schweres ausgesprochen ist. Ein Schmetterling. Baisers und Küsse. Der Himmel. Luftmaschen.

WENN GOTT UND
DIE LIEBE EXAKT
DASSELBE WÄREN –
WÜRDEST DU DANN
MEHR GLAUBEN
ODER MEHR LIEBEN?

Meditieren

Sein ohne zu denken
In ein Kloster gehen und eine Woche schweigen
In Gedanken den immer gleichen Satz wiederholen (Ich bin dein, du bist mein) und sich nicht daran stören, dass das verrückt klingt
Etwas wahrnehmen, das sich nicht beweisen lässt
Den eigenen Herzschlag hören, ohne Arzt zu sein
An die Kraft von einem Bissen Brot glauben
Die ganze Bibel lesen
Vor jemandem in die Knie gehen, den man nicht sieht
Sich zu einer Gemeinschaft bekennen, in der man auch Sonderlinge vermutet
Sich eingestehen, ständig an großen Idealen zu scheitern
Heiter bleiben und unbekümmert weitermachen

Mehr

Herr M. fand, dass Gott mitunter vielleicht etwas scheu zu nennen wäre, aber seine Spuren konnte man doch überall recht leicht entdecken.

Möglich

WENN GOTT DIE
GRÖSSE EINES
MARIENKÄFERS
HÄTTE – WAS
WÜRDE DAS ÄNDERN?

Der Tag ist frei und der Herbst ist
gelb. Beim Bäcker wartet
ein Brötchen. Die Zugpläne bieten
sich an. Um Neun ein Schnellzug
nach Prag. Alles ist möglich.
Ich sah etwas fliegen,
vielleicht ein Engel.
Oder eine Möwe.
Möwen mag ich auch.

Mut

Von Abhängen gesprungen
in Löcher gefallen
mit der Liebe gerungen
gewonnen
verloren
wieder aufgestanden
Nein geflüstert
Ja geschrien
Eiszeiten überlebt
Die Wüste nicht gescheut
und trotz allerlei Differenzen mit mir
mich gegen nichts
eintauschen wollen

auf Skiern von einem schwindelerregenden Abhang gefahren ◦ widersprochen als alle schwiegen ◦ mich von einem Mann getrennt obwohl er eine gute Partie war ◦ einen sehr großen Käfer in die Hand genommen ◦ gekündigt ◦ bei einer Sterbenden geblieben ◦ in ein Eisloch gesprungen ◦ mit zerrissenen Jeans zu Schule gegangen als Alle Marc O'Polo trugen ◦ allein den Jakobsweg gewandert

nah

Eines Tages nahm sich Frau M. ein Herz und beschloss, Gott zur Rede zu stellen: »Hör mal«, sagte sie, und Gott hörte: »Warum zeigst du dich so selten? Wo bist du?« »Man kann mich finden im Sonnenaufgang am Morgen und im Tau auf einem Stein«, entgegnete Gott und war ein wenig überrascht. »Im Lachen über alberne Witze, im zufälligen Wort auf einer Reklametafel, im Angesicht des Todes wie im Strahlen eines Kindes. Reicht das denn nicht?« Frau M. wiegte ihren Kopf. »Man ist sich nie sicher.« »Wie meinst du das?« »Ob du es bist oder nicht.« »Wer sollte es denn sonst sein?« Frau M. zuckte ihre Schultern. »Man fühlt sich manchmal sehr allein.« »Aber es gibt sieben Milliarden Menschen auf der Erde. Dazu kommen die Regenwürmer, die Goldfische und all das andere Getier. Die Wahrscheinlichkeit, allein zu sein, ist äußerst gering.« »Manchmal will man jemand Vertrautes sprechen …« »Warum sollte man den Goldfischen nicht vertrauen?« Frau M. sog hörbar die Luft ein. »Sei nicht albern. Es gibt Ganoven, Diebe, Kinderschänder. Man muss auf der Hut sein.« »Haben die Leute, die auf der Hut sind, ein besseres Leben?«, fragte Gott interessiert. »Das weiß ich nicht so genau », stotterte Frau M., denn sie wusste es wirklich nicht. »Sie sind damit beschäftigt, auf der Hut zu sein«, sinnierte Gott. »Ich weiß nicht, aber ich würde den Goldfischen vertrauen. Und bestimmt gibt es auch ein paar anständige Menschen. Wenn ich es recht bedenke, glaube ich fest daran. Ich habe sie ja erschaffen.« Dann machte sich Gott wieder auf den Weg. Er müsste noch unterwegs sein. Einige Regenwürmer erzählten davon.

IST DIE BIBEL GOTTES TAGEBUCH?

Ordnung

»Merkwürdig«, sagte Herr M. nach einer Weile des Nachdenkens. Seine Frau hob fragend das Haupt. »Findest du eigentlich, dass es eine Logik in der Welt gibt?« Frau M. ahnte, dass ihr Mann nicht über Mathematik reden wollte, also fragte sie: »Was meinst du, Schatz?« »Nun, heißt es nicht, Gott habe alles weise geordnet? Ich sehe keine Ordnung. Sieh nur die chaotischen Verhältnisse in der Welt. Was vor zehn Jahren galt, gilt heute nicht mehr. Wo einst blühende Gärten lagen, ist kahler Fels. Von unserer Küchenschublade ganz zu schweigen. Chaos, wohin man sieht.«
Herr M. seufzte einmal tief. »Ich komme nicht umhin«, fasste er zusammen, »anzunehmen, Gott hat sich ein wenig übernommen. Es scheint, als wäre er noch gar nicht fertig mit seiner Schöpfung und hätte sie trotzdem schon mal in Betrieb genommen.«
Frau M. wandte sanft ein: »Gott ist nie fertig.«
»Nie fertig?« echote Herr M. und fühlte einen leichten Schwindel.
»Erinnere dich an unseren letzten Urlaub. Als wir am Strand das Muster der winzigen Muschelteilchen bewunderten. Die Wellen schwappten sie hin und her. Das reinste Chaos. Niemand regiert es. Und doch entdeckten wir immer wieder neue Ordnungen. Mit jedem Wellenschlag entsteht für eine Sekunde eine neue Welt. Hier und an zwei Billiarden anderen Orten zugleich. Ich denke, so arbeitet Gott.«

Paradies

Erinnerungen an das Paradies

Das Leuchten der Rosen. Die Zeit der Schnecken.
Die Abwesenheit der Schwere. Der Duft der Lindenblüten (in der Dämmerung).
Die Beharrlichkeit eines Wunsches. Das Warten auf das Einsetzen der Nacht.
Das Ausstehen eines Kusses. Erdbeeren, Rhabarberbaiser.
Das Aufgehen des Abendsterns. Der Moment, bevor der Traum beginnt.

Realistisch

Was ich brauche: Zeit. Verstecke. Sonne nicht zu selten. Verbindung. Schuhe, in denen ich wohnen kann. Jemand, der mich hält. Ein Polster aus Geld (um nicht mehr daran zu denken). Ausreichend Schlaf. Einen Stift, der gut schreibt. Eine Gesellschaft, in der niemand unterdrückt wird. Himmel. Ruhe. Bücher. Ideen.

Was ich nicht brauche: Fernseher. Die meisten Apps. Spaghettizange. Eingeredete Schuldgefühle. Rolltreppen. Flugzeuge. Fertiggerichte. Küsschen rechts und links. E-Bike (noch nicht). Nazis. Früher-war-alles-besser-Gläubige. Spinnen mit langen Beinen. Garantieforderungen. Weltraumflüge. Diese Kreuzung aus Grapefruit und Melonen.

Reich

Das Leben ist schön. Es gibt Pflaumenkuchen
mit Sahne Nasse Kieselsteine
Nasen die riechen Sehr viel Papier Flie
ger Hohe Wolken Buchenbl
ätter nach dem Regen Alte Herzen
in Baumrinde Buchstaben Su
ppe Kürbislic
hter Wolld
ecken Versteck
e Hasenhöhlen
Mozart Abzählre
ime Asphalt de
r nach Sonne riecht Fahrräder
Allerlei Muskeln Mut Radiopro
gramme zum Zuhören alte Fotos
neue Freunde Geburtstagskaffe
etrinken Straßenmusiker Wind die
Farbe Bunt Begeisterung Au
sschaltknöpfe die Langsa
mkeit der Schildkröten
Möglichkeiten

den
große
Zeiger an
an der U
hr Schneenä
chte weißB
aiser Fingerspitz
en Herzkirschen
die Kühle in einer
Kirche plötzliches Abhandensein
von Angst Tier e aus Fell V
ersenkung das Er wachen am Mor
gen Seife warmes Wasser
Hemden die nach Waschpul
ver riechen Kaffee draußen Sein wo
niemand ist wiederkommen W
eihnachten Lic ht mit dem Sc
hiff fahren Zelte M ückengitter Bla
ubeeren etwas v orübergehen las
sen Babyfüße Pfeifeng erüch Träume die m
an lenken kann un gelesene Bücher Und

Scheitern

Samstagabend. Gott sitzt in einem Drehstuhl aus Filz.
»Herr Gott, es ist still geworden um Sie. Hand auf's Herz – sind Sie gescheitert?«
Gott schaut verwirrt: »Ich? Gescheitert? Wie kommen Sie denn darauf?«
»Nun, vor ein paar tausend Jahren waren Sie mit spektakulären Aktionen im Gespräch. Ich denke da an den Beinah-Weltuntergang, aber auch an Wunderheilungen und die Geburt Ihres ersten Sohnes … Sie hatten doch sicher ein Ziel vor Augen. Und die Menschen haben sich nicht so verhalten, wie Sie das wollten …«
Gott gluckst. »Na, Sie haben ja eine kindliche Vorstellung vom Scheitern. Wenn immer alles so laufen muss, wie Sie sich das vorstellen … dann gute Nacht!«
»Aber, Sie sind Gott. Sollte die Welt nicht sein, wie Sie wollen?«
»Ich denke, das Werden ist das wahre Sein.«
»Wollen Sie damit etwa andeuten, Sie verändern sich?«
Gott, mit einem leichten Anflug von Ungeduld: »Ich habe aus den Dingen gelernt. Nehmen Sie die Sache mit der Flut. Das war keine gute Idee. Wenn man alle Leute umbringt, die nicht so sind, wie man das will, steht man am Ende ziemlich allein da. Also habe ich beschlossen, das mache ich nicht nochmal.«
»Bemerkenswert …«
»Ja, wenn man bedenkt, dass ich ziemlich emotional bin …«
»Fiel Ihnen das nicht schwer?«
»Ach wissen Sie, ich bin Gott. Mir wird allerlei Größe zugeschrieben. Da werde ich wohl mit Irrtümern umgehen können!«

»Aber eine Konstante – es muss doch irgendeine Konstante geben?!«
»Aber ja.« Gottes Stimme ist jetzt sanft. »Ich bin da. Ich spiele mit. Ich steige nicht aus. Ich bleibe und werde. Daran können Sie sich ein Beispiel nehmen.«

* 1. Mose 8,21

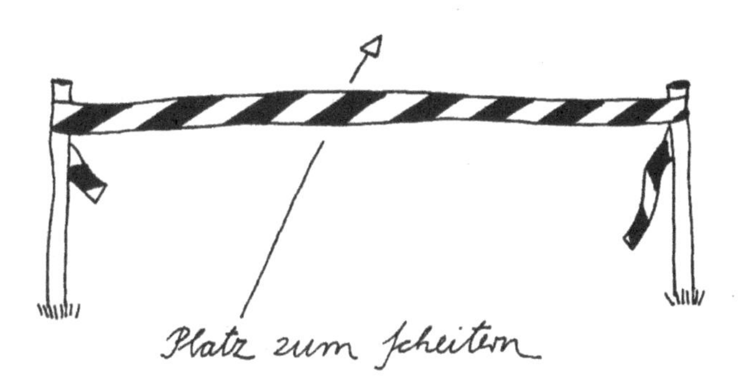

Schlaf

Wenn Herr M. zwischen einer Tafel Marabou-Daim, einem Mercedes der E-Klasse und drei Stunden Nachmittagsschlaf wählen dürfte, würde er den Schlaf wählen. Soviel ist sicher. Manchmal brüsten sich Menschen damit, nur vier Stunden Schlaf zu brauchen. Herr M. versteht das nicht. Sie führen dann Napoleon als Vorbild an. Er starb an Magenkrebs. Herr M. würde sagen, das klingt eindeutig nach zuviel Stress. Es hat ihm also gar nichts genutzt, sich dem Schlaf zu entziehen. Dafür schläft er jetzt länger.
Der Schlaf ist der Bruder des Todes. Herr M. mag ihn trotzdem, weil man nichts tun muss. Jede Nacht das Sterben üben: Nichts planen, nichts denken. Loslassen und sich ins Nichts begeben, das gar kein Nichts ist, weil der Traum wartet. Vielleicht, denkt Herr M., ist so die Ewigkeit.

Guten Abend, gut' Nacht,
mit Rosen bedacht,
mit Näglein besteckt,
schlupf unter die Deck:
Morgen früh, wenn Gott will,
wirst du wieder geweckt.

Guten Abend, gut' Nacht,
von Englein bewacht,
die zeigen im Traum
dir Christkindleins Baum.
Schlaf nun selig und süß,
schau im Traum 's Paradies.

Kinderlied
Melodie: Johannes Brahms

schön

Frau M. tat alle Dinge mit großer Langsamkeit. »Du musst schneller machen«, mahnte Herr M. ein ums andere Mal, denn wenn er etwas nicht ertragen konnte, dann war es Ineffizienz. Wenn man fünf Sachen erledigen konnte, dann sollte man auch fünf Sachen erledigen und nicht zwei.
»Warum?«, fragte Frau M.
»Damit du mit der Arbeit fertig wirst und Zeit hast für die schönen Dinge.«
»Und wenn ich einfach alles, was ich tue, schön finde?«
»Das kann man nicht! Niemand findet Adresskarteienpflegen schön. Oder Kantenschneiden!«
»Aber …« beginnt Frau M. und sinnt eine Weile. »Es heißt: Gott hat alles schön gemacht. Auch hat er die Ewigkeit in unser Herz gelegt. Also müsste das Schöne doch in allem zu finden sein, wenn man nur lange genug sucht.«

* Prediger 3,11

WO FINDET DICH DAS GLÜCK?

KREATIVITÄTS killer

und der einzig wahre Umgang damit

DU KANNST DAS NICHT
DAS GIBT'S DOCH LÄNGST
WIE PEINLICH ...
GANZ SCHÖN KITSCHIG !
NAJA...
DAS IST NUR 'NE SKIZZE ODER?
DU HAST DAS DOCH GAR NICHT STUDIERT
UND WAS SOLL DAS?
WER'S MAG...
... und tschüß!

Segen

ICH BIN DIE WASSERLACHE
DU BIST DER REGEN
STETIG TROPFST DU IN MEIN SEIN

Selig

Als ich letztens im Paradies war, dachte ich: Na, hier geht es ja drunter und drüber. Den Apfelbaum haben sie zu Kleinholz gemacht und Kuchen gab es ohne Ende, da mochte man gar nicht hinsehen, wegen der ganzen Krümel. Und alle lagen in der Sonne, selbst die Schlange war dabei und keiner sagte: Du nicht! Raus hier! Und ich habe gedacht, jetzt muss doch mal einer anfangen, hier muss doch mal einer Ordnung schaffen: Was hast du gemacht in deinem Leben, hast du eine Oma über die Straße geführt oder für den Frieden demonstriert? Aber nein, ganz im Gegenteil. Gott lag mitten zwischen ihnen und lächelte selig.

Sinn

Als am späten Nachmittag ein Herr mit Sense im Büro steht, erschrickt Herr M. So kleidet sich nur der Tod.
»Muss ich jetzt sterben?«, fragt Herr M. entsetzt.
Der Herr mit der Sense wiegt den Kopf. »Und wenn es so wäre?«
»Es wäre schrecklich!«, schreit Herr M. mit schriller Stimme.
»Warum?«
»Warum? Warum! Na, weil ich noch so viel vorhabe. Weil das Leben schön ist!«
»Dafür klagen Sie aber recht häufig.«
»Ach, was man so daher sagt ...«
»Dann überzeugen Sie mich. Warum wollen Sie bleiben?«
Herr M. schluckt. »Ich ... ich angle gern. Ich mag es, an einem stillen See zu sitzen und auf die Bewegung des Schwimmers zu warten. Früher bin ich viel Fahrrad gefahren. Nach Frankreich und sogar nach Portugal. Eigentlich lese ich gern. Ich träumte immer davon, mal zur Buchmesse zu fahren. (Aber wahrscheinlich ist es dort viel zu voll.) Kochen mag ich gern und Scrabble spielen, auch wenn das etwas verschroben ist. Wenn du mal einen Enkel hast, dann zeltest du mit dem, habe ich mir immer gesagt. Aber wann soll ich mir dafür auch noch Zeit nehmen?«
»Jetzt«, sagt der Herr, und es klingt sehr bestimmt.
»Aber wie stellen Sie sich das vor? Ich kann hier doch nicht einfach weg!«
»Doch. So oder so.« Seine Sense blitzt bedrohlich.

täglich

fünf

Minuten

in den HIMMEL

schauen

WAS NIMMST DU GOTT ÜBEL?

ARRRRG
GRRRr

Tod

Lieber Herr Tod,

ich weiß nicht, ob Sie wirklich ein Herr sind. Aber da Sie über Sein und Nichtsein entscheiden, nehme ich an, nicht völlig falsch zu liegen. Freunde werden wir nicht, es tut mir leid, das sagen zu müssen, aber vielleicht sind Sie auch gar nicht der Typ für Freundschaft. Wo Sie auftauchen, ist selten Heiterkeit, man meidet die Orte, die Stille der Krankenhäuser, Betten, aus denen fremde Gerüche strömen, den Rettungswagen und sein hektisches blaues Licht. Das Beängstigende an Ihnen ist Ihre Unberechenbarkeit, und selbst, wenn Sie kein Jäger, sondern ein Sammler sind, möchte man Ihnen nicht in die Hände fallen. Ich habe ein Meerschweinchen, zwei Großmütter, eine Lieblingslehrerin und einen Freund an Sie verloren, und ich fürchte, sie werden nicht die letzten sein.
Sie sind der Mächtigere von uns beiden. Doch deshalb werde ich Sie nicht lieben. Alles was ich tun kann, ist, Sie zu respektieren. Ich werde Sie grüßen, wenn ich Ihnen begegne, so, wie man auch einen unliebsamen Nachbarn grüßt, weil er nun einmal da ist. Er verschwindet nicht, wenn ich ihn ignoriere. Irgendwann werden wir einander unweigerlich im Treppenhaus treffen.
Aber auch ich bin nicht machtlos. Ich kann denken. Ich kann mir alles mögliche vorstellen. Intergalaktische Welten, Liliput und das Auenland. Warum dann nicht auch das Jenseits?
Sie können jetzt milde lächeln und entgegnen, dass das Jenseits doch nichts als ein Strohhalm sei. Nun denn. Ob das Jenseits wirklich existiert, werden wir nicht klären können. Ist es da – schön für mich! Ist es nicht da – werde ich es nicht mehr merken. Sie mögen einwenden, das sei die Logik von Kindern. Das wäre nicht so schlecht. Denn das Himmelreich ist ihrer. Hochachtungsvoll, S.

MAGIC

Traum

Stell dir vor, Gott würde dich genau jetzt freundlich ansehen. Bewege dich einen ganzen Tag lang unter diesem Blick.

* Jesaja 43,1

Trost

Vorhersage

Überwiegend Gott.
Vereinzelt Schauer.
In Tieflagen Nachttrost.

Tun

Wann hast du das letzte Mal bäuchlings auf einem Steg gelegen und nach Fischen geschaut? Wann hast du zuletzt Marshmallows über einem Lagerfeuer gegrillt? Wann hast du aufgehört, deine Schuhe auszuziehen, sobald du ans Meer kommst? Wann hast du zuletzt einem Sonnenaufgang zugesehen, der nicht erst auf Hausdachhöhe begann? Wann warst du zum letzten Mal 48 Stunden offline? Wo war es zuletzt ganz still? Wann hattest du zum letzten Mal das angenehme Gefühl, niemand weiß, wo du bist und was du gerade machst? Wann hast du das letzte Mal zum Spaß auf einer Mauer balanciert? Wo fiel dir zuletzt auf, wie der Morgen riecht? Wann hast du »man könnte mal wieder« gesagt und es tatsächlich getan?

Überraschen

Warum sollte man nicht das Unmögliche erwarten?
Das Mögliche ist nur das Bekannte.
Früher hielt man die Erde auch für eine Scheibe.

Umkehr

Am Dienstagnachmittag war Herr M. sich abhanden gekommen. Irgendwo zwischen Arztbesuch, Einkauf und Telefongespräch musste es geschehen sein, denn am Mittag war er noch bei sich gewesen. Er erinnerte sich ganz genau, wie er sein Butterbrot auspackte – Brie mit Birne – und mit Lust hinein gebissen hatte. Aber dann? Herr M. war ratlos. Wo hatte er sich bloß verloren? Es nutzte nichts, so konnte der Tag nicht enden. Er würde noch einmal zurückgehen müssen, sich auf die Bank am Ententeich setzen, an Käsebrot mit Birne denken und warten, bis der Tag ihn einholen würde.

Meditation

Lieblingssekunde
Lieblingssekunde
Lieblingssekunde
Lieblingssekunde
Lieblingssekunde
Lieblingssekunde
Lieblingssekunde
Lieblingssekunde
Lieblingssekunde
Lieblingssekunde
to be continued …

Unterhaltung

Verantwortung

»Guten Tag«, grüßt der Mann und blickt streng. Neben ihm steht eine Frau. Auch sie guckt streng. »Sind Sie Gott?« Gott nickt. »Wir haben hier eine Mängelliste für Sie.« Gott sieht sie überrascht an: »Was denn für Mängel?« »An der Erde. Wissen sie eigentlich, wie gefährlich es dort ist? Sie genügen Ihrer Aufsichtspflicht nicht. Wie leichtsinnig, Dinge in die Welt zu setzen ohne nötige Sicherheitsmaßnahmen.« Gott muss zugeben, dass er nicht versteht: »Wie meinen Sie das?« »Ein Student«, beginnt die Frau mit schriller Stimme, »verbrannte sich an seinem Kaffee. Nirgends stand, wie heiß er ist.« »Ein Kind«, ergänzt der Mann, »fiel von einem Berg. Keiner hatte den Eltern gesagt, dass sie selbst aufpassen müssen.« »Und ein Urlauber«, ruft wieder die Frau, »schaute zu lange in die Sonne und schädigte dauerhaft seine Augen. Nirgends gab es Warnhinweise. Was sagen Sie dazu?« »Das«, stottert Gott, »das tut mir leid. Sehr leid.« Die beiden halten ihm ein eng beschriebenes Papier entgegen. »Wir haben einen Maßnahmenkatalog verfasst. Punkt eins: Alle Meere werden großräumig abgesperrt. Damit niemand hineinfällt. Punkt zwei: Feuer ist in Zukunft nur bis 40 Grad erlaubt. Damit sich keiner verbrennt. Punkt drei: Tiger, Löwen und Haifische werden aus der Schöpfung ausgeschlossen. Das ist das Mindeste!«, ruft die Frau. »Was haben Sie sich nur dabei gedacht?« »Ich hatte einen anderen Plan«, erwidert Gott kleinlaut. »Er hieß Verantwortung. Jeder für sich selbst und alle füreinander. Er versprach keine Garantie. Aber ich fand ihn trotzdem eine schöne Idee.«

WAS ERWARTEST
DU ?

Verschwendung

Ich mag Verschwendung. Nicht diese sinnlose, wenn jemand beim Zähneputzen das Wasser laufen lässt. Was ich meine, ist diese sinnliche Verschwendung, die der Herbst kennt. Als wolle er mit einer einzigen Birke erinnern: der Winter wird lang, aber gräm dich nicht. Jetzt zeige ich dir nochmal, wie Leben geht. Dann leuchtet sie mit den Ebereschen um die Wette, dass einem ganz schwummrig wird vor lauter Glanz.
Im Fernsehen hörte ich einen sehr reichen Mann sagen: »Man kann nie genug haben.« Ich dachte: Der Mann hat keine Ahnung. Wer nie genug hat, kann nicht genießen. Der schielt, während er isst, schon auf das nächste Stück Buttercremetorte. Ängstlich darauf bedacht, dass es ihm kein anderer vom Teller schnappe.
Höchstwahrscheinlich denken Birken nicht darüber nach, dass der Tod es ist, der ihr Kleid so wunderbar schneidert. Würden sie es dann noch anziehen? Oder würden sie stattdessen sich weigern, ihre Chlorophyllproduktion einzustellen, um mehr Sommer, mehr Grün, mehr Leben zu haben?
Als ich kurz vor seinem Tod zu meinen Opa fuhr, trank er einen Schnaps mit mir. Das war das erste Mal, dass wir das zusammen taten, und es war auch das letzte Mal. Er war alt und hatte Krebs. Es kam mir vor, als hätte er sagen wollen: Jetzt genießen wir noch mal das Leben. Bevor der Winter kommt. Bevor der Tod an seine Tür klopfte.
Der Tod ist auch ein Verschwender. Er holt jeden. Viel zu junge, viel zu lebendige, viel zu geliebte, viel zu viele Leben. So scheint es jedenfalls. Vielleicht aber ist es auch ganz anders. Vielleicht ist er ein Sammler. Vielleicht sammelt er, so wie die Birke im Winter Kraft für das Frühjahr sammelt. Vielleicht sammelt er uns und reicht uns weiter an einen Frühling, der nicht enden wird. Ein Frühling, der hell und leuchtend ist. Ein Frühling, dessen Kleid uns zu Königen und Königinnen macht. Ein Frühling, in dem selbst der reiche Mann genug hat. Die Birke ist der Vorgeschmack.

Verwegen

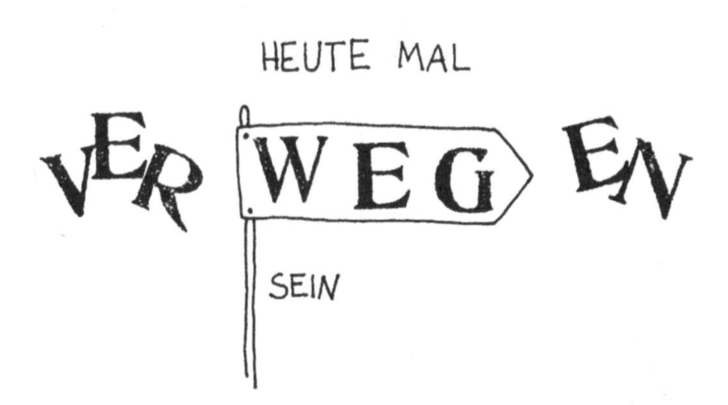
HEUTE MAL
VER WEG EN
SEIN

Voll

Gestern Gott getroffen.
Wir standen an der Kasse, er kaufte Milch, Eier und einen französischen Comté. Mein Blick blieb an der Milchtüte hängen.
Es war Vollmilch. Eigentlich klar.

* Du schenkst mir voll ein.
Psalm 23

Vorhersehung

Wenn dein achtzigjähriges Ich dir heute einen Brief schreiben würde – was würde es dir sagen?

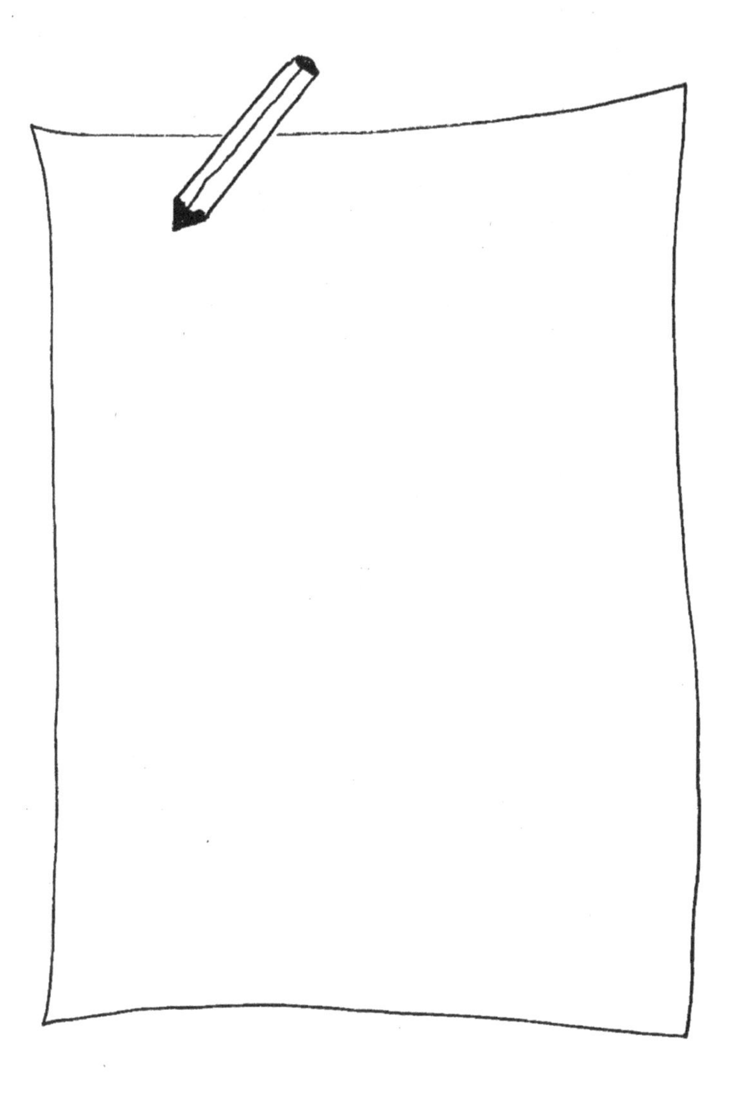

Wahrnehmen

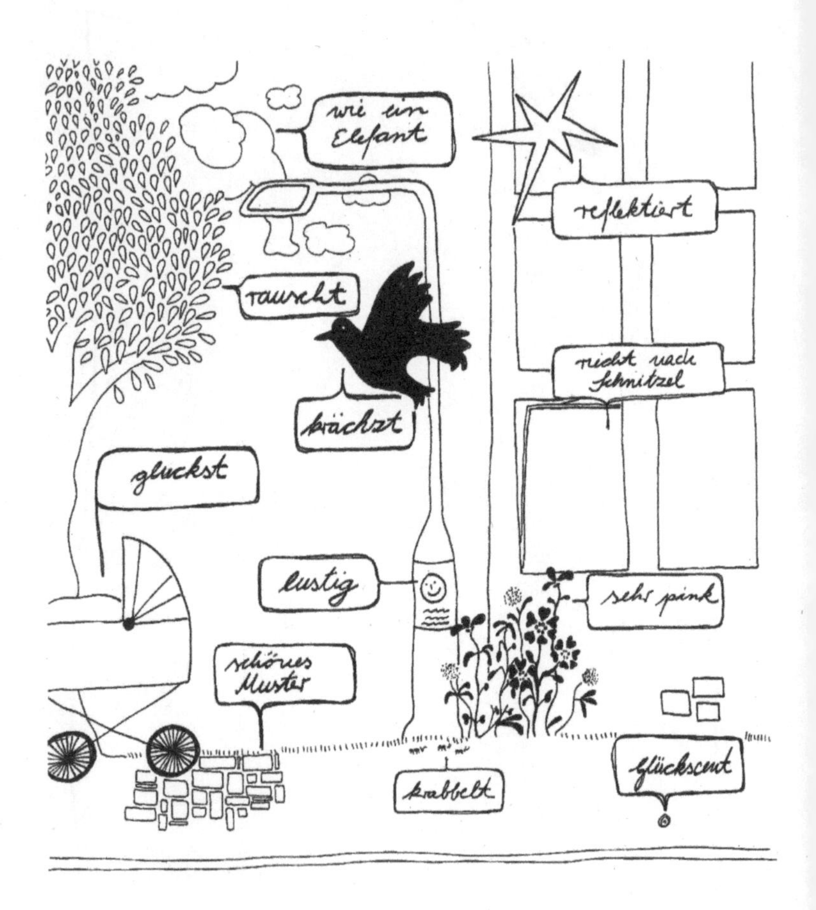
wie ein Elefant
reflektiert
rauscht
krächzt
riecht nach Schnitzel
gluckst
lustig
sehr pink
schönes Muster
krabbelt
Glückscent

Was war heute dein erster Satz?

Welche Tiere hast du gesehen?

Läuteten die Kirchenglocken?

Wie roch die Luft (Regen/Feuer/Abgase/Rosen...)?

Wieviele Joghurts stehen im Kühlschrank?

Welche Farbe hat deine Unterhose (nicht gucken)?

Wem hast du zugelächelt?

Hast du irgendwo Musik gehört? Welche?

Hat dich heute die Sonne beschienen?

Warten

Marie konnte nicht viel. Sie konnte keinen Ball in den Korb werfen und die richtigen Wörter traf sie auch nicht. Marie konnte keinen Zopf flechten, kein Schiffchen falten und wie man ein Video aufnahm, wusste sie nicht. Aber eines konnte Marie: Sie konnte warten. Sie wartete am Ende der Supermarktschlange, und wenn sich einer vordrängelte, nahm sie es hin. Sie wartete, bis die Ampel auf Grün sprang und der Apfelbaum rot und schwer wurde und die Früchte fast in ihre Taschen fielen. Marie lag es fern, etwas zu erwarten, das nicht da war. Ungeduld kannte sie nicht. Sie wartete, bis die Dinge so weit waren. Milchreis brauchte 40 Minuten, ein mittelhartes Ei aber nur sechs. Doch was machte das für einen Unterschied? Milchreiszeit unterschied sich nicht von Einkaufszeit, denn jede Zeit umhüllte Marie wie eine Decke, und wenn sie gelüftet wurde, weil eine Zeit vorbei war, dann wickelte sie sich in eine andere, eine neue Zeit ein. Ein ganzes Leben hatte Marie es warm und gut, bis die Zeit endete und die Ewigkeit begann. Die Ewigkeit, entdeckte Marie, war länger als alles, eine Decke, bei der niemals die Füße hinausguckten. Dafür hatte sich das Warten wirklich gelohnt.

WENN GOTT VON DIR
ERZÄHLEN WÜRDE –
WAS WÜRDE ER SAGEN?

Wort

Sammle Wörter, die haltbar sind. Leg ein Buch an oder eine Kartensammlung. Finde magische Wörter, die tragen, ein Geländer, an dem du dich festhalten kannst.

* Johannes 1

ach:
der Anfang von allem
...
Anfang:
glauben, dass es mehr Anfänge als Enden gibt und das vielversprechend finden
dein:
reimt sich auf mein, und das ist gut
Disziplin:
verleiht Flügel (Überraschung!)
Birke:
Licht in Baumform
Blätterdach:
Himmel auf Erden
Ende:
wenn man müde wird
Fülle:
alles drin
Ha!:
Genuss des Erkennens, Wagens, Entdeckens, Staunens

IST ZUFALL EIN SYNONYM VON WUNDER?

Wunderbar

Ich bin die, die immer noch träumt. Ich bin die, die morgens vorm Spiegel steht und sagt: Los geht's, obwohl ich keine Ahnung habe, wohin. Ich zähl' die Tauben vorm Fenster und mache sie zu meinen Boten. Gurrendes Glück. Ich bin die mit der goldenen Schnur, aber was ordentliches Stricken kann ich trotzdem nicht. Ich mag Zartbitter lieber als Vollmilch, allein schon des Wortes wegen. Ich horche auf den Wind, das Heute und sein Geheimnis, und manchmal höre ich nur Heulen. Ich fürchte weder Gespenster noch Wölfe, und mitheulen werde ich nicht. Ich bin heute anders als gestern, nur manchmal habe ich vergessen, wer ich gestern war und wer ich morgen sein will. Dann ist ein guter Tag.

Zeichen

Verteile Zeichen in deiner Stadt. Klebe sie an Häuserwände und Laternenpfähle. Schreibe sie in Kreidebuchstaben auf die Straße. Mal sie auf beschlagene Fensterscheiben. Häng sie an Bäume, Banklehnen oder Ampeln. Wo wohnt Gott?

Zuhause

Manchmal hatte Frau M. plötzliche Anfälle von Einsamkeit. Mitten am Tag sah sie sich im Supermarkt oder in der Leihbücherei oder an der Bushaltestelle inmitten all der Menschen und fühlte sich verloren. »Kennst du das?«, fragte sie ihren Mann. »Dass du plötzlich nicht mehr weißt, wo du hingehörst?« »Nun, Liebes«, antwortete Herr M., wie immer nach einer kleinen Weile des Nachdenkens: »Ich denke nicht, dass ich an einen Ort gehöre, denn dann wäre es ja eine große Tragik, wenn der Ort verschwände.« »Wohin bitteschön soll denn eine Bushaltestelle verschwinden?« Manchmal hatte ihr Mann wirklich sonderbare Einfälle. Aber Herr M. wiegte nur den Kopf: »Nun, vielleicht nicht gerade die Bushaltestelle, aber du weißt nie, was passieren wird. Und deshalb denke ich, dass ich dort zu Hause bin, wo Gott ist.« »Aber Gott ist nicht überall!« »Vielleicht doch. Ich stelle mir vor, er wäre zum Beispiel im Café der Mann am Nachbartisch. Oder die Busfahrerin. Oder einer der Leute an der Käsetheke. Ich weiß nicht, ob es so ist«, überlegt Herr M. und macht eine winzige Pause, »aber es ist eine sehr angenehme Vorstellung.« »Und wenn ich allein zu Hause sitze?« »Wie wäre es mit der Stimme im Radio? Oder der Stubenfliege?« »Nun werd' nicht albern!« Aber Herr M. lächelt in sich hinein. »Wer weiß, wer weiß ...«

Zuversicht

Ein Wunder ist
ein Engel der aufpasst
dass der dünne Faden
nicht reißt.
Dass der dünne Faden
nicht reißt
ist ein Wunder.

Zum Schluss

»Und wenn sich am Ende herausstellt, dass es Gott nicht gibt?«
»Dann habe ich mein Leben in einer sehr angenehmen Vorstellung gelebt.«

Inhalt